야호! 신난다! 재잘재잘 역사여행

삼국은 서로 한강을 차지하려고 해요.
한강을 차지하는 것이 왜 그렇게 중요했을까요?

땅이 넓어 좋아!

왜냐하면, 한강 유역은 물이 풍부하고 주변에 농사짓기에 좋은 넓은 평야가 있어서 사람들이 살기에 아주 좋았기 때문이에요.

한강을 차지해야 해!

백제가 한강을 차지할 거야!

또 서해(황해)를 통해 중국의 문물을 빠르게 받아들일 수 있어서 나라를 발전시키는데 한강은 꼭 필요한 곳이었답니다.

한반도는 이제 백제의 것!

그래서 고구려, 백제, 신라는 4세기에서 6세기까지 300여 년에 걸쳐 끊임없이 싸웠어요. 한강을 차지하는 나라가 가장 강한 나라로 발전할 수 있었기 때문이었지요. 가장 먼저 한강을 차지한 나라는 **백제**였어요.

* 세기 : 1년~100년까지를 1세기, 101년~200년까지를 2세기라고 해요.

무덤 안에 담긴 옛이야기, 고분벽화

아주 옛날 고구려 사람들은 무덤 안에 여러 개의
방을 만들고 벽과 천장에 그림을 그렸어요.
죽은 사람의 영혼이 살아있다고 믿었기 때문에
무덤 안에 그림을 그려 꾸민 거예요.
이렇게 무덤 안에 그린 그림을 고분벽화라고 해요.

슥슥

이얍!

고구려 고분벽화는 색이 선명해서 그 당시 사람들의 모습과 동물들의 힘찬 움직임을 엿볼 수 있답니다.

한복의 틀이 잡힌 삼국 시대

우리나라 전통 한복의 형태가
만들어지기 시작한 때는 삼국 시대예요.

* 삼국 시대 : 고구려, 백제, 신라

고구려, 백제, 신라는 나라 이름은 달랐지만 옷차림에서는 큰 차이가 없었어요. 삼국시대 사람들은 바지와 저고리, 긴 겉옷을 입고 머리에는 모자를 썼어요. 지금 우리가 입는 한복보다 저고리가 훨씬 길고 허리에는 허리띠를 맸어요.

삼국 시대에는 옷으로 신분의 높고 낮음을 알 수 있었어요.

와, 귀족 옷이다!

신분이 높았던 귀족들은 비단과 같은 비싼 옷감으로 화려한 옷을, 일반 백성(평민)들은 주로 삼베로 만든 수수한 옷을 입었답니다.

몸과 마음을 단련한 훌륭한 인재 화랑

6세기 무렵의 고구려, 백제, 신라는 서로 더 많은 영토를 차지하려고 싸움을 했어요. 그래서 용감한 군인을 기르는 일이 중요했어요.

신라 **진흥왕**은 이전부터 있었던
화랑도를 국가 조직으로 더욱더 발전시켰어요.
화랑도에는 평민이나 귀족의 구별 없이 대개 15~18세의
청소년들이 들어갔으며, 이들을 **낭도**라고 불렀어요.

화랑은 화랑도의 우두머리예요. 귀족 청년만 화랑이 될 수 있었지요. 화랑도의 젊은이들은 전국의 경치가 좋은 곳을 찾아다니며 명상을 하거나 몸과 마음을 단련하며 훌륭한 청년으로 성장해 갔어요. 그 결과, 신라의 화랑은 삼국을 통일하는데 큰 공을 세웠답니다.

다양한 교육을 위한 태학과 박사제도

고구려, 백제, 신라 삼국 중 가장 먼저 중국의 한자와 유교를 받아들인 나라는 고구려랍니다.
고구려는 우리나라 최초의 교육기관인 태학을 세웠어요.

태학은 도읍에 있는 교육기관으로 귀족의 아들들에게 유교 경전과 문학, 예를 가르쳤어요. 지방에는 경당이라는 사립학교가 있었어요. 경당에서는 주로 평민들이 유교 경전과 활쏘기 등의 무예를 배웠어요.

백제는 학교를 세웠다는 기록은 남아 있지 않아요. 그렇지만 박사제도가 있어서 전문 박사들이 유교뿐만 아니라 의술, 수학, 건축 등 각 분야의 교육을 담당했다는 기록이 남아있어요.

백제 근초고왕 때 박사 왕인은 일본 태자의 스승이 되어 많은 백제문화를 일본에 전하기도 했답니다.

여름철 즐거운 명절 유두

유둣날은 음력 6월 15일이에요.
양력으로는 7월이나 8월로 땀이 주르륵
흐를 정도로 무더운 때이지요.
우리 조상들은 유두에 개울물을 찾아가서
몸을 씻고 물놀이도 즐겼어요.

덥다 더워~!

특히 동쪽으로 흐르는 물에 머리를 감았는데 해가 뜨는 동쪽에 좋은 기운이 있다고 생각했기 때문이에요. 더위와 농사일로 지친 조상들은 물가에 가서 맛있는 음식을 먹으며 즐겁게 하루를 보냈답니다.

칠석날 저녁에 비가 오면 사람들은 일 년 만에 만나는 견우와 직녀가 반가워서 기쁨의 눈물을 흘린다고 생각했어요.
옛날 사람들은 밝게 빛나는 견우성과 직녀성을 바라보며 바느질 솜씨가 좋아지게 해달라고 빌기도 했답니다.

고분벽화
무용총 각저총

고대에 만들어진 무덤 내부 벽에 그려진 그림으로 고구려의 대표적인 고분벽화로는 무용총과 각저총이 있답니다.